ANÁLISE JURÍDICA DA INCLUSÃO DE TRANSGÊNEROS EM COMPETIÇÕES ESPORTIVAS FEMININAS

VICTOR HIAGO COELHO FRAGA

ÍNDICE

1. INTRODUÇÃO...1

2. CONCEITOS...4

    2.1.   DIREITOS HUMANOS...4

    2.2.   LIBERDADE...7

    2.3.   IGUALDADE...10

    2.4.   LIBERDADE E IGUALDADE 13

    2.5.   TRANSGÊNERO 14

3. MULHER ATLETA X TRANSGÊNERO FEMININO ATLETA...............................16

    3.1.   ASCENÇÃO HISTÓRICA DA MULHER NA SOCIEDADE BRASILEIRA 16

    3.1.1.   ASCENÇÃO DA MULHER BRASILEIRA NO ESPORTE 18

    3.2.   MOTIVOS DA DIVISÃO DE CATEGORIAS ESPORTIVAS ENTRE OS SEXOS ..20

4. CASOS CONCRETOS 24

    4.1.   EXEMPLO INTERNACIONAL: CECE TELFER, VELOCISTA AMERICANA. 24

    4.2.   EXEMPLO NACIONAL: TIFFANY ABREU, JOGADORA DE VÔLEI....................26

5. CONCLUSÃO..30

1. INTRODUÇÃO

Precipuamente, cabe ressaltar que o ordenamento jurídico pátrio adota o sistema Civil Law para reger suas lides, ou seja, a legislação é a fonte primária do direito, cabendo ao judiciário interpretar o texto legal para aplicá-lo ao caso concreto. Contudo, é importante lembrar que a 'letra de lei seca' por si só é incapaz de resolver todas as questões de uma sociedade, faz-se necessário considerar as peculariadades de cada demanda.

Pois bem, com base nesse raciocínio, o presente livro trata-se de um estudo que busca interpretar alguns textos legais aplicando-os a uma problemática atual dentro do Brasil, qual seja, a aplicabilidade do princípio da isonomia em relação a determinado grupo minoritário que reivindica seus interesses.

A palavra sociedade é originada do latim *"societas"*, que quer dizer associação amistosa com outros, em relação a isso, tem-se por certo que é impossível conviver de maneira amistosa com outros sem que em algum momento seja necessário abrir mão de seus interesses pessoais em prol do interesse de outrem. Assim, resta claro que a sociedade vez ou outra deixará de amparar um de seus membros ou grupos para amparar outro desde que observados os princípios e bases legais.

Segundo leciona Thomas Hobbes em 'O leviatã', a abdicação desta liberdade plena por parte do homem é que possibilita a vida em sociedade. Caso contrário, o homem estaria ainda em seu estado de natureza, estado esse que é egoísta e competitivo. A célebre frase *"homo homini lúpus"* (o homem é o lobo do homem) do dramaturgo romano Plautus e que foi divulgada por Hobbes em seu livro simplifica bem isso. A metáfora explica a teoria do autor de que o egoísmo e o instinto de autopreservação do homem podem prejudicar a própria humanidade e para que isso não ocorra deve ser firmado o pacto social, que seria munir o estado de poder suficiente para gerir os dilemas da sociedade abrindo mão das vontades indivuais pelas necessidades do todo.

Dado tal poder ao estado que faz uso deste principalmente por intermédio da Constituição da República Federativa do Brasil (1988), cabe a nós como membros da sociedade respeitar as limitações impostas por este, que por sua vez tem por obrigação adaptar seus regulamentos e estruturas aos anseios da sociedade na exata medida em que esta sofre alterações e passa a ter novos anseios. No dito popular, na impossibilidade de se agradar a gregos e troianos, observar-se-á a Constituição Federal e os princípios que regem essa sociedade.

O norteador desse estudo foi a possibilidade de as pessoas confundirem os direitos garantidos pela Constituição com garantias de direitos em favor de determinados grupos sociais minoritários e a partir dessas premissas levarem à adoção de novos limites que podem interferir diretamente na vida de outras pessoas que não se inserem no mesmo grupo minoritário, quebrando assim o pacto social.

Resta evidente a necessidade de uma análise sobre a atual situação pátria. Por essa razão, busca-se entender melhor os princípios da igualdade e da liberdade nos quais esses indivíduos e grupos podem se basear para defender suas teses, para que através da interpretação de tais princípios seja possível delimitar os direitos de cada um dentro da sociedade.

Após, realizar-se-á uma análise sobre o que é o transgênero, para que, entendendo cientificamente todas as questões envolvendo essas pessoas, seja possível formular alguma resolução para um dos entraves da sociedade atual, qual seja, a possibilidade ou não de inclusão de transgêneros nas competições esportivas femininas.

Esse trabalho consiste em analisar aspectos fisiológicos, históricos, filosóficos, sociais e legais, em busca de entender melhor os princípios da liberdade e da igualdade amparados constitucionalmente, bem como levantar dados sobre transgêneros para, posteriormente, entender a problemática a respeito da inclusão de transgêneros nas competições femininas, quais os efeitos dessa inclusão para as mulheres brasileiras e a constitucionalidade ou não dessa inclusão.

A ideia com essa obra é a de analisar a possibilidade de haver uma desconformidade na sociedade brasileira atual que pode ser atribuída a equívocos interpretativos dos princípios já mencionados, buscando trazer algo mais fiel àquilo que o legislador quis dizer à época da redação do texto constitucional aplicando-o a este tema em particular.

O estudo dos princípios da liberdade e da isonomia amparados pela Constituição da República Federativa do Brasil de 1988 (BRASIL, 1988, online) levanta alguns questionamentos que precisam ser analisados com cautela, diante disso, para nortear a presente pesquisa é importante destacar tais questionamentos buscando respondê-los para subsequentemente entender a situação estudada no presente trabalho e apontar soluções plausíveis e eficazes. Dito isso, é possível que exista equidade em um país onde a liberdade não possui limite formal? Que limite é esse? Transgêneros e mulheres são iguais e possuem a mesma capacidade para a prática desportiva? A inclusão de transgêneros nas competições femininas fere algum dos princípios em epígrafe? Considerando que a prática de esportes é direito de todos (BRASIL, 1988, online), qual a melhor solução para essa questão?

Ao final desta pesquisa, objetiva-se chegar a um denominador comum de modo a esclarecer quais são os limites da liberdade a fim de se evitar qualquer vantagem inconstitucional, a falta de senso e de autocrítica daqueles que se veem munidos de liberdade, quando, todavia, suprimem a liberdade de outrem.

2. CONCEITOS

Para nortear o presente trabalho é interessante, primeiramente, identificar alguns conceitos para que, após entender melhor sobre o que se estuda seja possível chegar a uma conclusão racional e imparcial sobre o tema.

2.1. DIREITOS HUMANOS

Hodiernamente, muito se tem falado em direitos humanos, para que se tenha uma ideia, segundo o site oficial da Organização das Nações Unidas – ONU, em 1999 a instituição Guinness World Records nomeou a Declaração Universal dos Direitos Humanos - proclamada em 10 de dezembro de 1948 pela Assembleia Geral das Nações Unidas, em Paris, por meio de sua resolução 217 A (III) - o documento mais traduzido do mundo, pois à época o texto estava disponível em 298 idiomas (ONU, 2016, online).

Essa mesma instituição atualizou essa certificação em 2009, quando o número de idiomas chegou a 370 e ná última divulgação o documento já se encontrava disponível em 501 idiomas (ONU, 2016, online). Com base nisso é possível notar a evidente ascensão do referido assunto em todo o mundo, de modo que desde a sua proclamação até o primeiro registro no

Guinness World Records a declaração tinha uma média de 5,84 idiomas por ano de vigência, de 1999 (data do primeiro registro) a 2009 (data do segundo registro) a média de idiomas inseridos por ano foi de 7,2 e do segundo registro no Guinness até a última divulgação oficial (2016), a média de idiomas inseridos por ano alcançou 18,71.

Embora muito se fale sobre tal assunto, é necessário trazer à tona o verdadeiro significado de tais direitos e principalmente os objetivos para os quais foram criados. Sobre isso, o site oficial da ONU diz o seguinte:

> Os direitos humanos são direitos inerentes a todos os seres humanos, independentemente de raça, sexo, nacionalidade, etnia, idioma, religião ou qualquer outra condição. Os direitos humanos incluem o direito à vida e à liberdade, à liberdade de opinião e de expressão, o direito ao trabalho e à educação, entre muitos outros. Todos merecem estes direitos, sem discriminação (ORGANIZAÇÃO DAS NAÇÕES UNIDAS, 2019, online).

Sob a ótica de Ricardo Castilho, a dignidade humana:

> Está fundada no conjunto de direitos inerentes à personalidade da pessoa **(liberdade e igualdade)** e também no conjunto de direitos estabelecidos para a coletividade (sociais, econômicos e culturais). Por isso mesmo, a dignidade da pessoa não admite discriminação, seja de nascimento, sexo, idade, opiniões ou crenças, classe social e outras (CASTILHO, 2011, p. 137). **GRIFAMOS.**

Destarte, pode-se dizer então que os direitos humanos são direitos inerentes a quaisquer pessoas, sem distinção de qualquer natureza, e que buscam, primordialmente, suprir as necessidades individuais no que se refere à liberdade e à igualdade.

É importante destacar, todavia, que a igualdade mencionada em epígrafe não se trata de uma igualdade desenfreada em que todos têm exatamente o mesmo direito, trata-se, no entanto, da possibilidade isonômica de que todos tenham os mesmos direitos desde que preencham os requisitos pré-estabelecidos. Embora soe contraditório, um exemplo dessa necessidade de se preencher requisitos mínimos para a aquisição de direitos pode ser encontrado no artigo 26º da Declaração Universal dos Direitos Humanos que dispõe o seguinte:

> Art. 26º - 1. Toda a pessoa tem direito à educação. A educação deve ser gratuita, pelo menos a correspondente ao ensino elementar fundamental. O ensino elementar é obrigatório. O ensino técnico e profissional deve ser generalizado; o acesso aos estudos superiores deve estar aberto a todos em plena igualdade, **em função do seu mérito.** (Declaração Universal dos Direitos Humanos, 1948, online). **GRIFAMOS.**

Especificamente no caso do artigo ora mencionado, podemos notar que existe uma condicional, qual seja, o mérito do indivíduo. Em outras palavras, todos têm direito ao ensino superior desde que concluam o ensino médio e sejam aprovados no vestibular.

Posto isso, pode-se dizer então que para todos os direitos humanos, sem exceção, é necessário que se preencha algum ou alguns requisito(s) mínimo(s), esse(s) requisito(s) pode(m) variar desde o simples fato de ser humano até possuir algum grau de escolaridade, como no caso tratado no artigo supramencionado. Resumidamente, é possível dizer que embora haja necessidade de tratamento igualitário entre as pessoas, esse tratamento estará sempre condicionado a uma conduta ou condição do indivíduo. Sobre isso aduz Andre Franco Montoro:

> A justiça distributiva que se aplica na repartição das honras e dos bens, e tem em mira que cada um dos consorciados receba, dessas honras e bens, **uma porção adequada a seu mérito.** (MONTORO, 2000, p. 205). **GRIFAMOS.**

Ainda sobre os direitos humanos, é interessante ressaltar também aquilo que consta no artigo 30º da mesma declaração outrora citada, que dispõe o seguinte:

> Art. 30º - **Nenhuma disposição da presente Declaração pode ser interpretada de maneira** a envolver para qualquer Estado, agrupamento

ou indivíduo o direito de se entregar a alguma atividade ou de praticar algum ato destinado **a destruir os direitos e liberdades aqui enunciados.** (Declaração Universal dos Direitos Humanos, 1948, online). **GRIFAMOS.**

Sobre isso, insta dizer então que o estado deve tutelar os interesses individuais e de maneira alguma pode interpretar a referida declaração de modo a prejudicar a liberdade de qualquer um de seus indivíduos. Ocorre que, na teoria o que parece simples torna-se mais complexo quando notamos que ao tentar tutelar o direito de uns o estado pode acabar por ferir o direito de outros, resta então saber quais são os limites de atuação da entidade estatal frente aos problemas sociais e como este deve se posicionar diante de cada caso concreto.

2.2. LIBERDADE

Etimologicamente, liberdade vem do latim *"libertas"*, e um dos momentos em que essa palavra é usada no idioma ora mencionado é na expressão *"sub lege libertas"*, que significa, liberdade sob a lei ou liberdade sem lei degenera em licenciosidade. Licenciosidade, por sua vez, significa entre outras coisas indisciplina/comportamento desregrado. Com isso então, conclui-se que segundo a expressão latim *"sub lege libertas"*, a liberdade deve ser regrada a fim de que não se torne indisciplina.

Tal análise, todavia, gera divergência interpretativa, já que autores como Hobbes entendem que a liberdade é exatamente o direito do ser humano fazer exatamente o que quiser, sem qualquer tipo de privação. Com esse entendimento, Hobbes afirma que só há um direito "individual" existente no estado de natureza, que é:

> [...] a liberdade que cada homem possui de usar o seu próprio poder, da maneira que quiser, para a preservação da sua própria natureza, ou seja, da sua vida; e consequentemente de **fazer tudo aquilo que o seu próprio julgamento e razão lhe indiquem** como meios mais adequados a esse fim. **Por liberdade entende-se,** conforme a

significação própria da palavra, **a ausência de impedimentos externos**, impedimentos que muitas vezes tiram parte do poder que cada um tem de fazer o que quer, mas não podem obstar a que use o poder que lhe resta, conforme o que o seu julgamento e razão lhe ditarem. [...] E dado que a condição do homem (conforme foi declarado no capítulo anterior) é uma condição de guerra de todos contra todos, sendo neste caso cada um governado pela sua própria razão, e nada havendo de que possa lançar mão que não lhe ajude na preservação da sua vida contra os seus inimigos, **segue-se que numa tal condição todo homem tem direito a todas as coisas, até mesmo aos corpos uns dos outros.** Portanto, enquanto perdurar este direito natural de cada homem a todas as coisas, não poderá haver para nenhum homem (por mais forte e sábio que seja) a segurança de viver todo o tempo que geralmente a natureza permite aos homens viver (HOBBES, 2003, p. 112-113). **GRIFAMOS.**

Em discordância com o pensamento de Hobbes, tem-se a seguinte fundamentação:

> Entretanto, quando era o **excesso de liberdade**, tornada licença, que ameaçava a ordem com a anarquia, cumpria defender as instituições contra o risco de subversão. (TRIGUEIRO apud LYNCH, 2017, p. 319-320). **GRIFAMOS.**

Sobre tais dizeres, é possível notar que há certa discordância com a interpretação de Hobbes a respeito do que é liberdade, isso se deve ao fato de que ao mencionar o termo 'excesso de liberdade', Lynch contradiz os dizeres daquele autor de que liberdade não comporta restrições, afinal, como algo 'ilimitado' pode ocorrer em excesso? Com isso, cabe dizer que para o autor em comento liberdade não é a ausência de regulamentações e limitações, segundo ele liberdade é, todavia, o direito de agir segundo o seu livre arbítrio, desde que não prejudique a sociedade e/ou seus membros (LYNCH, 2017, p. 319-320).

Corroborando com esta tese, temos ainda o posicionamento de John Locke que disse: "Onde não há lei, não há liberdade" (LOCKE, 2014. p. 50). Com isso, Locke queria dizer que, não havendo regulamentação a liberdade excessiva de alguns acabaria por fazer sucumbir a liberdade de outros. A interpretação do filósofo inglês, inclusive, pode ser vista com mais clareza na mão esquerda do símbolo grego da justiça, Themis (imagem abaixo). A balança precisa estar sempre em equilíbrio, portanto, dotar um indivíduo de liberdades que prejudicam outro indivíduo é uma ofensa à essência da justiça.

Figura 1 - Themis - *Símbolo Grego da Justiça (Getty Imagens, 2019,* online).

Sobre liberdade, José Afonso da Silva entende que existe diferença entre o princípio da liberdade e o direito de liberdade, conforme aduz em seu artigo publicado em 2016:

> Podemos começar com a afirmativa geral de que o que distingue a liberdade contemporânea é o destaque do princípio da liberdade e da **liberdade igual para todos**, em face do direito de liberdade. (SILVA, 2016, p. 100). **GRIFAMOS.**

De acordo com a interpretação de José Antônio, o princípio da liberdade se confunde com a liberdade identificada por Hobbes (2003, p. 112-113), uma vez que esse não possui limitações. Silva aduz isso da seguinte forma:

> Um símbolo do **princípio da liberdade** encontra-se na desobediência de Adão, em razão

da qual perdeu o Paraíso, mas ganhou a liberdade e foi livremente gozar do amor com a Eva. Ganhou a liberdade, **não a liberdade disso ou daquilo, mas a liberdade em si, a liberdade como tal: o princípio.** [...] As formas especiais de liberdade, as liberdades em particular, viriam com as **regras que se estabelecessem sobre elas, formando o direito de liberdade**: de ir e vir, de praticar qualquer religião, liberdade de expressão etc. (SILVA, 2016, p. 100). **GRIFAMOS.**

Destarte, com base no exposto é possível notar que para o autor, a liberdade quando regrada denomina-se direito de liberdade.

Por fim, pode-se concluir que embora haja diversidade de nomenclaturas, (LOCKE, 2014. p. 50 e SILVA, 2016. p. 100), há o entendimento de que é necessário regrar as liberdades dos cidadãos, desta forma, neste trabalho adotar-se-á a definição de liberdade suscitada por John Locke.

A título de exemplo, a minha liberdade de expressão não pode me dar o direito de ofender ou humilhar alguém, pois eu estaria ferindo os direitos individuais deste alguém.

2.3. IGUALDADE

A palavra igualdade tem origem etimológica do latim *"æqualĭtas"* – Característica daquilo que é parelho; justo. Tal tradução evidencia bem o real sentido do princípio da igualdade no ordenamento jurídico brasileiro, que é tornar parelhos todos os membros da sociedade, isto é, equiparar as pessoas até que todas alcancem o mesmo nível dentro da sociedade. Como mencionado no subtítulo 'liberdade', a balança precisa estar sempre equilibrada, logo, se por alguma razão algum membro da sociedade possui vantagem sobre outro, cabe ao estado tutelar essa diferença dotando o indivíduo 'prejudicado' de alguns cuidados que reequilibrarão a balança.

Sobre isso aduz Nelson Nery Júnior:

> O princípio da igualdade pressupõe que as pessoas colocadas em situações diferentes sejam tratadas de forma desigual: "Dar tratamento isonômico às partes significa tratar igualmente os iguais e desigualmente os desiguais, na exata medida de suas desigualdades". (NERY JUNIOR, 1999, p. 42).

Entendimento esse que pode ser reforçado com as palavras de Montoro:

> Por conseguinte, explica Aristóteles, não sendo as pessoas iguais, tampouco terão coisas iguais. Com isso, é claro, não faz mais do que reafirmar o princípio da igualdade: **princípio que seria precisamente violado**, nesta sua função especifica, **se méritos desiguais recebessem igual tratamento**. A justiça distributiva consiste, pois, numa relação proporcional, que Aristóteles, não sem artifício, define como sendo uma proporção geométrica (MONTORO, 2000, p. 205). **GRIFAMOS.**

Hédio Silva Junior menciona que a palavra equidade enquanto princípio "assume a significação de justa proporção, de proporcionalidade" (SILVA JUNIOR, 2019, online), ou seja, corrobora com os entendimentos de Nery Júnior e de Montoro no sentido de que os indivíduos devem ser tratados de maneira **proporcionalmente justa e não idêntica.**

Buscando algo mais próximo do proposto no presente trabalho, tem-se a decisão proferida em agosto de 2017, pela 4ª turma do Tribunal Superior do Trabalho, a qual traz em sua ementa:

> RECURSO DE REVISTA. MULHER. JORNADA SUPLEMENTAR. INTERVALO ANTECEDENTE. ARTIGO 384 DA CLT. EXTENSÃO AO HOMEM. IMPOSSIBILIDADE. PRINCÍPIO DA IGUALDADE MATERIAL 1. Segundo a clássica lição do filósofo grego Aristóteles, deve-se tratar igualmente os iguais e desigualmente os desiguais, na medida de sua desigualdade. No Brasil, Ruy Barbosa consagrou essa lição ao afirmar que " a regra da igualdade não consiste

senão em quinhoar desigualmente aos desiguais, na medida em que se desigualam " (Oração aos Moços). 2. **A dimensão material do princípio da igualdade impõe a atuação positiva do Estado no sentido de promover tratamento jurídico diferenciado aos indivíduos com vistas a superar desigualdades de fato, porquanto não se revela suficiente aos ideais de Justiça apenas estabelecer a igualdade de todos indistintamente perante a lei** (igualdade formal). 3. Nessa perspectiva, **as desigualdades** inerentes à jornada de trabalho da mulher em relação à do homem **justificam o tratamento distinto entre homens e mulheres**, de modo a autorizar a consagração, no art. 384 da CLT, de norma protecionista dirigida exclusiva e especificamente ao trabalho da mulher. Trata-se, pois, de norma que visa à concretização do princípio da igualdade material. 4. Inviável, assim, estender ao homem a fruição do intervalo antecedente à jornada suplementar da mulher, nos termos do art. 384 da CLT, sob pena de se conferir tratamento igual a situações desiguais, em flagrante afronta ao princípio em apreço. 5. Recurso de revista do Reclamante de que não se conhece (RR-157-79.2011.5.12.0049, 4ª Turma, Relator Ministro João Oreste Dalazen, DEJT 24/08/2017). (RR 157-79.2011.5.12.0049, 2017). **GRIFAMOS.**

Sobre a decisão supracitada, cabe destacar a interpretação de que "Não se revela suficiente aos ideais de justiça apenas estabelecer a igualdade de todos indistintamente" (RR-157-79.2011.5.12.0049, 2017, online) assim, as distinções entre homens e mulheres devem ser respeitadas para que a justiça perdure.

A propósito, sobre a isonomia mencionada em epígrafe, é importante que se tenha cuidado para que o tratamento diferenciado mencionado não seja confundido com tratamento desproporcional. Neste sentido, há necessidade de uma vigilância estatal para impedir que algumas pessoas, entendendo estar sob o amparo constitucional, interfiram no direito de outrem e destoem do sentido real da constituição, buscando assim, superioridade ao invés de igualdade.

2.4. LIBERDADE E IGUALDADE

Analisando os subtítulos anteriores, podemos concluir então que liberdade e igualdade estão ligadas e mais do que isso: são interdependentes. Ou seja, para que a igualdade prevista constitucionalmente seja efetivada as liberdades precisam ser limitadas, caso contrário, as liberdades excessivas de um indivíduo em detrimento das liberdades de outro desequilibrariam a 'balança da liberdade'.

A linha que separa a liberdade e a libertinagem é tênue e a liberdade de uma pessoa está diretamente relacionada à dos demais membros da mesma sociedade, na exata medida em que a extrapolação dos limites por parte de qualquer pessoa oprime a liberdade do outro (MONTORO, 2000, p. 205).

Exemplificando, um indivíduo (A) tem a liberdade de ouvir as músicas que bem entender em sua residência, enquanto isso, seu vizinho (B), tem a liberdade de descansar em paz em sua residência. Caso o som do primeiro indivíduo esteja muito alto, sua liberdade em ouvir música oprimirá a liberdade de seu vizinho descansar, mas ao mesmo tempo (B) não pode obrigar (A) a desligar o som. Nesse caso, o som precisa alcançar uma quantidade de decibéis que não prejudique (B) e nem oprima a liberdade de (A), caso contrário, um dos indivíduos estará ferindo a liberdade do outro.

> Art. 42. **Perturbar alguém**, o trabalho ou o sossego alheios:
>
> III - **abusando** de instrumentos **sonoros** ou **sinais acústicos**;
>
> Pena - prisão simples, de quinze dias a três meses, ou multa, de duzentos mil réis a dois contos de réis. (Lei das Contravenções Penais - Decreto Lei 3688 de 1941) **GRIFAMOS.**

Apesar de a liberdade e a isonomia serem consideradas extremamente importantes no nosso país, acabam sendo abandonadas em muitos aspectos pela falta de interpretação adequada, acarretando o desrespeito ao direito alheio e ao espaço delimitativo da liberdade.

2.5. TRANSGÊNERO

Transgênero é o indivíduo que não se identifica mentalmente com seu sexo de nascença, ou seja, pessoas que entendem ter nascido no corpo errado. Sendo assim, embora psicologicamente a pessoa entenda ser de um sexo, possui características físicas do sexo oposto.

Caso queira, o indivíduo pode optar por realizar a transição de gênero, que vai desde a cirurgia de mudança de sexo até o tratamento hormonal (embora esses não sejam requisitos para a alteração de gênero no âmbito civil) para que o seu corpo se adapte àquilo que considera ideal, todavia, cabe ressaltar que embora haja tratamento hormonal, além de ser um processo longo, as características físicas já adquiridas pelas pessoas nessa condição não serão totalmente perdidas (OLIVEIRA, 2018, online).

> Decisão: O Tribunal, por maioria e nos termos do voto do Relator, apreciando o tema 761 da repercussão geral, deu provimento ao recurso extraordinário. Vencidos parcialmente os Ministros Marco Aurélio e Alexandre de Moraes. Nessa assentada, o Ministro Dias Toffoli (Relator), reajustou seu voto para adequá-lo ao que o Plenário decidiu na ADI 4.275. Em seguida, o Tribunal fixou a seguinte tese: "i) **O transgênero tem direito fundamental subjetivo à alteração de seu prenome e de sua classificação de gênero no registro civil, não se exigindo, para tanto, nada além da manifestação de vontade do indivíduo**, o qual poderá exercer tal faculdade tanto pela via judicial como diretamente pela via administrativa; ii) Essa alteração deve ser averbada à margem do assento de nascimento, vedada a inclusão do termo 'transgênero'; iii) Nas certidões do registro não constará nenhuma observação sobre a origem do ato, vedada a expedição de certidão de

inteiro teor, salvo a requerimento do próprio interessado ou por determinação judicial; iv) Efetuando-se o procedimento pela via judicial, caberá ao magistrado determinar de ofício ou a requerimento do interessado a expedição de mandados específicos para a alteração dos demais registros nos órgãos públicos ou privados pertinentes, os quais deverão preservar o sigilo sobre a origem dos atos". Vencido o Ministro Marco Aurélio na fixação da tese. Ausentes, neste julgamento, o Ministro Gilmar Mendes, e, justificadamente, a Ministra Cármen Lúcia (Presidente). Presidiu o julgamento o Ministro Dias Toffoli (Vice-Presidente). Plenário, 15.8.2018 (STF - RE 670422, 2018, online). **GRIFAMOS.**

No presente livro, é importante analisar essas modificações físicas no corpo de alguém que nasceu no corpo de homem e que entende ser uma mulher. Diante disso, insta salientar que uma pessoa que iniciou o tratamento hormonal aos 10 anos de idade, por exemplo, terá mais semelhança com o sexo desejado do que uma pessoa que iniciou o tratamento com 18 anos, quando o corpo já estava 'mais formado'. É o que o explica o médico esportivo Eduardo Oliveira, em entrevista concedida ao site Gazeta Online, ao analisar a situação de Tiffany, atleta de voleibol.

> [...] Ela mudou de sexo com 30 anos, então o corpo foi desenvolvido por 30 anos de forma masculina: estrutura óssea, muscular, força, articulações [...] Mesmo com tratamento hormonal e perda de testosterona, ela não perde o que desenvolveu ao longo da vida. Por questão de genética, homens têm fibras musculares mais voltadas para força e a mulher para resistência. Além de eles terem mais glóbulos vermelhos no sangue, por isso respiram melhor (OLIVEIRA, 2018, online).

Com isso, é possível perceber que embora a transição seja possível, algumas características físicas serão mantidas. Os hormônios combatidos com o tratamento são apenas parte das distinções entre os sexos, que ainda contam com estrutura óssea, muscular e articulações, por exemplo.

3. MULHER ATLETA X TRANSGÊNERO FEMININO ATLETA

Nesse capítulo a ideia é tentar entender os caminhos trilhados pela mulher brasileira para alcançar seu atual status dentro da sociedade e principalmente dentro do esporte, e partindo desse ponto mensurar quais seriam as consequências suportadas pelas mulheres com a inclusão de transgêneros em competições voltadas para elas.

3.1. ASCENÇÃO HISTÓRICA DA MULHER NA SOCIEDADE BRASILEIRA

Embora ainda haja opiniões divergentes sobre o tema ora estudado, é indubitável que as mulheres possuem uma série de direitos que não tinham outrora dentro da sociedade brasileira, antigamente as mulheres eram, guardadas as devidas proporções, meros objetos nas mãos de seus cônjuges, ou, nas palavras de Lilian Sarat Oliveira:

Desde menina era ensinada a ser mãe e esposa, sua educação limitava-se a aprender a cozinhar, bordar, costurar, tarefas estritamente domésticas. Carregava o estigma da fragilidade, da pouca inteligência, entre outros que fundamentava a lógica patriarcal de mantê-la afastada dos espaços públicos (OLIVEIRA, 2009, p. 1).

Alguns direitos que hoje são comuns foram conquistados com árduas lutas de movimentos feministas que à época defendiam a bandeira de que o tratamento entre homens e mulheres deveria ser igualitário. Um exemplo evidente dessa luta histórica é a conquista ao direito de voto. Segundo Ferreira (2001, p. 324), a primeira eleição em solo brasileiro ocorreu em 23 de janeiro de 1532, mesmo assim, apenas quatrocentos anos depois as mulheres passaram a ter direito ao voto, voto este que passou a ser obrigatório para as mulheres apenas em 1946.

O dia 24 de fevereiro foi um marco na história da mulher brasileira. No código eleitoral Provisório (Decreto 21076), de 24 de fevereiro de 1932, durante o governo de Getúlio Vargas, o voto feminino no Brasil foi assegurado, após intensa campanha nacional pelo direito das mulheres ao voto. As mulheres conquistavam, depois de muitos anos de reivindicações e discussões, o direito de votar e serem eleitas para cargos no executivo e legislativo. Fruto de uma longa luta, iniciada antes mesmo da Proclamação da República, foi ainda aprovado parcialmente por permitir somente às mulheres casadas, com autorização dos maridos, e às viúvas e solteiras que tivessem renda própria, o exercício de um direito básico para o pleno exercício da cidadania. Em 1934, as restrições ao voto feminino foram eliminadas do Código Eleitoral, embora a obrigatoriedade do voto fosse um dever masculino. Em 1946, a obrigatoriedade do voto foi estendida às mulheres (MELLO, João. 2014, online).

Como visto em epígrafe, embora o direito ao voto tenha sido conquistado em 1932, esse direito tinha uma série de restrições, para que uma mulher pudesse de votar tinha que preencher uma série de requisitos. Apenas dois anos depois, em 1934, essas restrições foram eliminadas do código eleitoral.

Isso é apenas uma amostra do longo processo de ascensão da mulher dentro da sociedade brasileira. Além das conquistas já realizadas até aqui, os dias atuais também nos propiciam exemplos da batalha feminina em busca de reconhecimento igualitário em relação aos homens dentro da sociedade brasileira. Outro bom exemplo é a incessante luta travada em prol da igualdade salarial dentro do mercado de trabalho, que embora seja um direito defeso em lei (Art. 461, da Consolidação das Leis do Trabalho), ainda está longe do ideal na prática.

Art. 461. Sendo idêntica a função, a todo trabalho de igual valor, prestado ao mesmo empregador, no mesmo estabelecimento empresarial, corresponderá igual salário, sem distinção de sexo, etnia, nacionalidade ou idade. (Redação dada pela Lei nº 13.467, de 2017). GRIFAMOS.

Uma pesquisa realizada pela Catho em 2017 evidenciou que em todas as funções analisadas o salário dos homens é superior ao salário das mulheres. Segundo a pesquisa, para cargos operacionais a diferença remuneratória chegava a 58% à época e para especialistas graduados essa diferença caía para 51,4%. As funções em que foram encontrados os menores percentuais de diferença foram as de assistentes e auxiliares (9%). (GLOBO.COM, 2017, Online).

Figura 2 - Gráfico de desigualdade salarial - Homens x Mulheres (CATHO, 2019, online).

3.1.1. ASCENÇÃO DA MULHER BRASILEIRA NO ESPORTE

Se hoje é possível ver mulheres brasileiras praticando qualquer tipo de esporte, e até sendo destaque em todo o mundo, como no caso da jogadora de futebol Marta - 6 vezes eleita melhor do mundo pela FIFA - *Fédération Internationale Football Association* (Federação Internacional de Futebol), sendo cinco delas de forma consecutiva, antigamente elas sequer podiam praticar alguns esportes que hoje são comuns. A prática de alguns esportes já foi proibida para as mulheres, em 14 de abril de 1941 foi realizado pelo então presidente Getúlio Vargas, um decreto que proibia que mulheres praticassem esportes 'incompatíveis com a sua natureza'.

> Art. 54. Às mulheres não se permitirá a prática de desportos incompatíveis com as condições de sua natureza, devendo, para este efeito, o Conselho Nacional de Desportos baixar as necessárias instruções às entidades desportivas do país (DECRETO-LEI Nº 3.199, de 14 de abril de 1941). **GRIFAMOS.**

Valendo-se das atribuições que lhe foram conferidas no artigo supracitado, o Conselho Nacional de Desportos, no dia 07 de agosto de 1965, deliberou o seguinte:

> 1. Às mulheres se permitirá a prática de desportos na forma, modalidades e condições estabelecidas pelas entidades internacionais dirigentes de cada desporto, inclusive em competições, observado o disposto na presente deliberação.
> 2. **Não é permitida a prática de lutas de qualquer natureza, futebol, futebol de salão, futebol de praia, polo-aquático, pólo, rugby, halterofilismo e baseball.** 3. As entidades máximas dirigentes dos desportos do país poderão estabelecer condições especiais para a prática de desportos pelas mulheres, tendo em vista a idade ou o número incipiente de praticantes em determinada modalidade, observadas, porém, as regras desportivas das entidades internacionais. 4. No caso de desporto que não seja dirigido por entidade internacional, a dirigente no Brasil deverá solicitar ao CND a devida autorização para que possa ser praticado pelas mulheres. (DELIBERAÇÃO Nº 7, de 07 de agosto de 1965). **GRIFAMOS.**

O futebol, por exemplo, que em 2009 já era o esporte mais praticado no mundo com aproximadamente 265 milhões de praticantes a nível internacional e 30 milhões de praticantes a nível nacional

(SUPERINTERESSANTE, 2009, online), possui copas do mundo masculinas de quatro em quatro anos desde 1930 e a seleção brasileira participou de todas as edições, inclusive sendo a maior campeã do torneio (LANCE, 2017, online). Mesmo assim, a primeira copa do mundo de futebol feminino só ocorreu em 1991, e a primeira narração de uma mulher em um jogo de copa do mundo (entre masculina e feminina) foi realizada em 2018, por uma jovem jornalista que à época tinha 20 anos de idade. (CARTA CAPITAL, 2019, online).

Diante disso, resta indubitável que pouco a pouco as mulheres vêm conquistando seu espaço no mundo esportivo, em virtude disso é preciso ter cautela para que ainda que indiretamente, tal espaço não seja reduzido, pois, caso isso ocorra acarretará em um retrocesso social. O que é inadmissível após tantos anos de luta em prol da igualdade de gênero.

> Como Embaixadora Global da ONU Mulheres, esta data é muito importante para mim, pois é uma grande oportunidade de lembrar aos homens e às mulheres a importância de dar **igualdade de condições** às meninas e às mulheres, para que elas exerçam seus direitos e desenvolvam todo o seu potencial. (VIEIRA DA SILVA, 8 de março de 2019 - Dia Internacional da mulher, online). **GRIFAMOS.**

Como mencionado pela atleta, é importante que as mulheres tenham igualdade de condições em relação aos homens, ou seja, seguindo a definição de igualdade de Nelson Nery Júnior, existe a necessidade da tutela estatal para que os direitos das mulheres não sejam cerceados.

3.2. MOTIVOS DA DIVISÃO DE CATEGORIAS ESPORTIVAS ENTRE OS SEXOS

É possível identificar inúmeros esportes em que há separação entre masculino e feminino, é assim com o futebol, handebol, boxe, MMA (Artes Marciais Mistas), atletismo, natação e outros. A verdade é que é difícil encontrar algum esporte em que não há divisão entre gêneros, como no caso do esporte online LOL (League of Legends), por exemplo, que inclusive possui uma cláusula vedando o assédio sexual em seu regulamento.

> 10.2.3 Assédio Sexual
> Assédio sexual é proibido. Assédio sexual é definido como avanço sexual indesejável. A avaliação baseia-se se uma pessoa comum consideraria a atitude ofensiva. Há tolerância zero para qualquer ameaça ou a promessa de vantagens em troca de favores sexuais. (CBLOL, 2019, online).

Mas se a igualdade de gêneros é pregada com tanta ênfase e cada vez mais levada a sério, quais razões fundamentam a divisão de homens e mulheres nas competições esportivas? Ocorre que, como já informado outrora, tratamento isonômico não consiste em tratar todos exatamente da mesma maneira e nem tampouco dotá-los dos mesmos direitos (NERY JUNIOR, 1999, p. 42).

Se a concessão de liberdades aos indivíduos está diretamente vinculada ao cumprimento de requisitos pré-estabelecidos a fim de tornar todos iguais em oportunidades, o tratamento para aqueles que possuem algum tipo de vantagem em relação ao outro deve ser diferente, ou, a exemplo do caso tratado, pessoas com a mesma potencialidade esportiva devem competir entre si para que as pessoas de menor potencialidade esportiva não sejam prejudicadas. Um exemplo disso é o MMA (Artes Marciais Mistas), que divide seus competidores por peso para que os lutadores mais leves não sejam lesados (MMA BRASIL, 2019, online).

Ao mesmo tempo, as pessoas são todas diferentes entre si, de modo que seria inviável realizar uma competição apenas com pessoas idênticas, em razão disso, existe a necessidade da criação de parâmetros limitadores para a prática desportiva entre pessoas de potencialidades semelhantes. Esses parâmetros, corriqueiramente são a faixa etária, o peso ou sexo dos indivíduos, podendo ser, mas não necessariamente sendo todos eles de forma conjunta.

No caso do futebol, quando se trata de faixa etária, é comum ver jogadores de categorias inferiores serem integrados prematuramente em categorias superiores. Embora haja campeonato brasileiro de futebol para jogadores abaixo de 20 anos (CBF, 2018), alguns já jogam pelo time no principal campeonato nacional bem antes da hora, são os casos de Alexandre Pato (17 anos e 2 meses, em 2006), Neymar (17 anos e 3 meses, em 2009),

Malcom (17 anos e 2 meses, em 2014) e recentemente de Vinícius Júnior (16 anos e 9 meses, em 2017), por exemplo (RODRIGUES, 2017). Em contrapartida, os jogadores que já ultrapassaram os limites etários são vetados de jogar em categorias inferiores à de suas respectivas faixas etárias, em virtude disso, alguns jogadores adulteram suas datas de nascimento a fim de burlar a legislação e poderem jogar em categorias inferiores, são os chamados 'gatos', como no caso de Michel Schmöller, que em 2007 teve a fraude descoberta e foi cortado da seleção brasileira sub-17 por já possuir 19 anos de idade (BERNARDO, 2016, online).

Mas se jogadores mais jovens podem disputar competições voltadas para jogadores de uma faixa etária superior, por qual razão a recíproca não é verdadeira? A explicação é simples, no caso em tela, a divisão se dá pela faixa etária porque parte-se do pressuposto de que o corpo humano possui um período de evolução até que alcance seu auge, logo, em regra, quanto menor a categoria, menor o preparo físico do atleta. Assim, se um atleta de preparo físico e categoria inferior decide disputar uma competição com pessoas mais capacitadas fisicamente, ele estará se valendo da sua liberdade sem ofender a liberdade alheia, já que não causará prejuízo a terceiros. O mesmo não ocorre se a situação for inversa porque seria uma pessoa fisicamente superior disputando arbitrariamente uma competição de pessoas menos preparadas, o que prejudicaria os demais indivíduos e resultaria em libertinagem, já que feriria a liberdade alheia de disputar em nível isonômico.

> Podemos segmentar os anos de vida adulta em três períodos, sendo que a primeira parte abrange os anos dos 20 aos 40 anos [...] não há dúvida de que entre 20 e 40 anos os adultos estão em seu auge físico e cognitivo[...] Durante esses anos uma pessoa possui mais tecido muscular, mais cálcio nos ossos, mais massa cerebral, melhor acuidade sensorial, maior capacidade aeróbica e um sistema imunológico mais eficiente" (BEE, 1997, p. 410).

Após esse proêmio, cabe analisar se há razões fisiológicas para a divisão de categorias por gêneros. Sobre isso, aduz Marcos Fontes:

> **As diferenças relativas ao sexo no desempenho físico** são explicadas, **principalmente,** pelas diferenças nas **características fisiológicas** e morfofuncionais

de homens e mulheres (FONTES, Marcos. 2016, online). **GRIFAMOS.**

Marcos Fontes faz uma comparação fisiológica entre homens e mulheres a fim de entender se há diferenças de capacidade para a prática de atividades físicas por sexo e em caso positivo quais as razões dessas diferenças. A partir desse estudo, Fontes entende que não há dúvidas de que existe uma superioridade masculina para a prática de atividades físicas, ressalvando, contudo, que as mulheres são mais flexíveis (FONTES, 2016, online).

Ainda sobre o tema, após uma pesquisa detalhada, Valérie Thibault, concluiu o seguinte:

> [...] A análise dos dez melhores desempenhos revela uma tendência de desigualdade de género [...] Estes resultados sugerem que as mulheres não correrão, saltarão, nadarão ou andarão tão rápido quanto os homens (THIBAULT, 2010, online).

Com isso, tem-se por certo então que o que justifica a divisão de categorias esportivas por gênero é a superioridade física do homem em relação à mulher, destarte, fazendo uma analogia com a separação por faixa etária, embora a inserção de mulheres nas competições esportivas masculinas seja prejudicial a elas mesmas, pelo menos em relação à capacidade física não se trataria de libertinagem por não ofender a liberdade de outros indivíduos (sem entrar no mérito de outros aspectos que possam caracterizar libertinagem nessa conduta), em contrapartida, se um homem disputasse uma competição feminina, esse prejudicaria as mulheres e com isso desequilibraria a 'balança da isonomia'.

Por fim, se o que difere homens de mulheres para o mundo esportivo é a condição física e os transgêneros embora entendam ser mulheres, ainda que realizem tratamento hormonal possuem estrutura física masculina, permitir que um transgênero que nasceu no corpo masculino dispute em igualdade de condições com mulheres é ato atentatório àquilo que está defeso pela Constituição da República Federativa do Brasil, já que este terá vantagem indevida em relação às demais atletas (JESUS, 2012 e OLIVEIRA, 2018, ambos online).

Para exemplificar o mencionado em epígrafe, foram analisados alguns recordes entre homens e mulheres, em competições individuais de dois esportes (natação e atletismo) em diferentes categorias e/ou campeonatos.

Segue o resultado:

MÉDIA DE RECORDES – Em segundos				
Esporte	Categorias	Descrição	Masculino	Feminino
Natação	03	100m borboleta, 100m costas e 100m livre. (recordes mundiais)	00:49.52	00:55.06
Atletismo	02	100m rasos - mundial e 100m rasos – olímpico.	00:09.60	00:10.55

O levantamento acima mostra que os homens gastam, em média, 10,1% a menos de tempo para concluir as mesmas provas que as mulheres quando se trata de natação e 9% a menos de tempo quando se trata de atletismo. É importante destacar que dos recordes analisados, os tempos masculinos foram melhores em 100%. Esses números servem para corroborar com a análise mencionada outrora, realizada por Valérie Thibault.

4. CASOS CONCRETOS

4.1. EXEMPLO INTERNACIONAL: CECE TELFER, VELOCISTA AMERICANA.

Um caso que pode ser apresentado para exemplificar a preocupação quanto á disputas esportivas que envolvam profissionais transgêneros é o da atleta

Cece Telfer, corredora norte-americana que atualmente compete na categoria feminina. No entanto, Cece Telfer já praticava o esporte antes da transição de gênero, à época conhecida como Craig Telfer. Há notícias de que o fato de Cece competir com mulheres tem dividido opiniões nos Estados Unidos da América – EUA (GLOBOESPORTE.COM, 2019, online).

Segundo o noticiado, há aqueles que discordam da situação, alegando que ela já participava de competições masculinas tendo abandonado tal categoria apenas em 2018 e ocorre que segundo o regulamento da NCAA - Associação Atlética Universitária Nacional (federação que organiza as competições universitárias), atletas transgêneros podem participar de competições desde que tenham completado um ano de tratamento hormonal para atingir o nível de testosterona aceitável. Portanto, pelo fato de não ter completado um ano competindo entre as mulheres, a polêmica reside no fato de que não há como comprovar que os níveis hormonais da atleta estão dentro das regras.

A polêmica se agravou, ainda conforme noticiado, pelo fato de que ela venceu, no dia 26 de maio de 2019, um campeonato universitário americano. Uma das pessoas que se posicionou sobre a polêmica ainda no início de 2019 foi o filho do presidente americano, Donald Trump Jr., que publicou em sua conta oficial no Twitter:

> Outra grave injustiça contra jovens mulheres que treinam a vida inteira para atingir excelência. Identifique-se do jeito que você quiser como cada um quiser, mas isso vai muito além e é injusto para muitos (TRUMP JR., 2019, online).

Analisando segundo a ótica da Constituição da República Federativa do Brasil e de acordo com o estudo realizado neste trabalho, anda que Cece fosse capaz de comprovar que o tratamento hormonal já persiste por mais de um ano, a sua inclusão em competições femininas caracterizaria desrespeito aos princípios da liberdade e da igualdade amparados parta Carta Magna brasileira, isso porque embora seus níveis hormonais estivessem dentro do padrão exigido pelo órgão responsável pela regulamentação da competição, Craig se desenvolveu como homem até os 20 anos de idade, destarte, já havia alcançado a idade adulta e consequentemente atingido capacidade física superior à das mulheres (BEE, 1997, p. 410).

4.2. EXEMPLO NACIONAL: TIFFANY ABREU, JOGADORA DE VÔLEI.

No Brasil, tem-se o "caso Tiffany" um homem que fez carreira no vôlei masculino e posteriormente fez mudança de sexo e migrou para a categoria feminina. Acontece que, legalmente, não há empecilho para que isso ocorra, todavia, a ausência de impedimento legal não pode ser suficiente para definir se uma conduta é correta ou não (PEGORATO, 1995, p. 35).

> Na ética aristotélica, **conta mais o cidadão formado nas virtudes e especialmente na justiça, do que a lei com suas prescrições objetivas.** Isto é, de pouco vale a lei sem cidadãos virtuosos (PEGORATO, 1995, p. 35). **GRIFAMOS.**

Rodrigo Pereira de Abreu (Nome de nascimento de Tiffany) tem total direito de realizar a mudança de sexo e ninguém pode impedi-lo, todavia, é sabido que o corpo masculino está mais preparado para a prática de esportes do que o corpo feminino, assim, a "liberdade" do transexual em praticar vôlei feminino oprime a liberdade de suas adversárias de competir em igualdade. O julgamento aqui não é sobre a sexualidade do indivíduo, mas sim sobre sua superioridade física em detrimento das companheiras de profissão.

Nos dias atuais, contrariar tais minorias pode acarretar em acusações de preconceito ainda que isso seja feito com fundamentos plausíveis e convincentes, assim, as pessoas têm se calado com medo das punições não só jurídicas, mas principalmente sociais, como a repulsa por exemplo. Prova dessa objeção social sofrida pelas pessoas que possuem opinião contrária à inserção de transgêneros nas competições esportivas feitas para mulheres é o efeito negativo causado por uma frase de Bernardo Rocha Resende (Bernardinho), treinador de vôlei, que se referiu à Tiffany como um homem, não por sua orientação sexual, mas por sua capacidade física superior à das mulheres. Em razão disso, Bernardinho foi taxado de transfóbico e homofóbico na internet, conforme publicação da uma equipe LGBT demonstra:

> Transfóbicos e homofóbicos não vão passar sem serem apontados na nossa página! Pode ser até o

papa do vôlei. Vamos desmascarar todos! Parabéns para o time feminino do Vôlei Bauru, mulheres incríveis que ganharam jogando por merecimento e sem nenhuma vantagem (ANGELS VOLLEY BRAZIL, 2019, online).

Um importante aspecto para evidenciar a vantagem de Tiffany em relação às outras praticantes do esporte, é a própria regra oficial do vôlei de quadra, que dispõe:

> 2.1.1 - A rede é colocada verticalmente sobre a linha central. Sua parte superior é ajustada a 2,43 metros do solo para os homens e 2,24 metros para as mulheres (CBV, 2016, online).

Ou seja, pessoas que competem em competições masculinas estão acostumadas a saltar mais do que as que competem em competições femininas.

A ex-atleta de vôlei Ana Paula Henkel, publicou no jornal, uma carta aberta ao comitê olímpico internacional repudiando a situação.

> É com respeito, mas com grande preocupação que escrevo às entidades responsáveis pelo esporte sobre a ameaça de total desvirtuação das competições femininas que ocorre atualmente com a aceitação de atletas que nasceram homens, que desenvolveram musculatura, ossos, capacidade pulmonar e cardíaca como homens, em modalidades criadas e formatadas especificamente para mulheres. Se alguém tem que ir à público e pagar um preço em nome da verdade, do bom senso e dos fatos, estou disposta a arcar com as consequências. O espaço conquistado de maneira íntegra por mulheres no esporte está em jogo (HENKEL, 2018, online).

Ciente da possibilidade de ser taxada de preconceituosa e de defender uma pauta ideológica, Ana Paula se antecipou e identificou os dias de hoje como "[...] Tempo em que a militância política condensa e resume o pensamento às pautas ideológicas para negar a realidade [...]" (HENKEL, 2018). Com isso, Ana Paula queria dizer que não se trata de uma análise fundada em preconceitos e crenças, mas sim de uma reclamação racional fundada em conceitos fisiológicos. Inclusive para ressaltar que não se baseou em qualquer preconceito ela fez questão de ressaltar:

> O combate ao preconceito contra transexuais e homossexuais é uma discussão justa e pertinente. A inclusão de pessoas transexuais na sociedade deve ser respeitada[...] (HENKEL, 2018, online).

E completou o texto acima defendendo seu ponto de vista de que:

> [...]essa apressada e irrefletida decisão de incluir biologicamente homens, nascidos e construídos com testosterona, com altura, força e capacidade aeróbica de homens, sai da esfera da tolerância e constrange, humilha e exclui mulheres (HENKEL, 2018, online).

Ao final de sua carta, ela defendeu o esporte como uma ferramenta capaz de evidenciar o mérito da mulher:

> O esporte sempre foi um grande e respeitado veículo de conquistas femininas, uma arma que sempre evidenciou o mérito das mulheres àqueles que tentaram impor limites aos sonhos de todas que lutaram e lutam para mostrar nosso verdadeiro valor, talento, capacidade de superação e mérito (HENKEL, 2018, online).

Sem se basear em princípios jurídicos, Ana Paula defendeu a não inclusão de transgêneros em competições esportivas femininas com base na razão e temendo o futuro da representatividade feminina a longo prazo dentro do esporte o que pode levar, futuramente, a mesmo uma indefinição dos gêneros "homem" e "mulher", como estabelecidos no art. 5º, inciso I da Constituição Federal (BRASIL, 1988, online).

Se essa vantagem de Tiffany de fato existe, nada melhor do que comprová-la através de números, posto isso, faz-se um levantamento do desempenho de Tiffany antes e após a cirurgia bem como dos números da transgênero em relação às mulheres.

Como homem, à época conhecido como Rodrigo, o sucesso não foi tão grande. Ganhou destaque na temporada de 2011 ao ajudar seu então time,

Juiz de Fora, a sair da liga Nacional (atualmente denominada Superliga B) para a Superliga (Principal competição de vôlei do país) (TOQUE DE BOLA, 2018, online) - Os números de Rodrigo não estão disponíveis no site oficial da extinta liga nacional. O sucesso de Rodrigo foi tão ínfimo que mesmo na internet as informações são vagas, a informação mencionada acima, por exemplo, só foi publicada após a transição de gênero.

Em contrapartida, se enquanto homem o sucesso não foi tão grande, não demorou muito para que Tiffany ganhasse destaque competindo com mulheres. Contratada em dezembro de 2017 pelo Bauru (GLOBOESPORTE.COM, 2017, online), ainda em janeiro de 2018 ela bateu o recorde de pontos em uma mesma partida da competição (39 pontos contra os 37 de Tandara), justamente contra o então melhor time da competição. (FAVERO, 2018, online), o detalhe é que o recorde de Tandara já perdurava desde 2013, ou seja, Tiffany precisou de 07 jogos para quebrar um recorde de 5 anos (SCARAMELLA, 2018, online).

Em razão dos questionamentos que os fatos suscitam, após longo período sem sucesso no vôlei masculino, o sucesso precoce de Tiffany no vôlei feminino levanta a dúvida de que não se trataria de mera coincidência, mas sim de uma evidência matemática da vantagem da transgênero em relação às mulheres.

5. CONCLUSÃO

Após a pesquisa acima detalhada, foi possível chegar a algumas conclusões no que se refere ao sentido de liberdade, libertinagem e igualdade, bem como entender algumas características físicas e hormonais dos transgêneros e com base nisso apontar uma solução eficaz para a problemática respeitando os princípios e as leis nacionais e internacionais.

Sobre liberdade, conclui-se que há necessidade de limitação dessa para o perfeito funcionamento da sociedade, afinal, caso todos os indivíduos possuam totais liberdades dentro da mesma sociedade, possuirão inclusive 'liberdade de ferir a liberdade alheia' assim, conforme mencionado em epígrafe a essa liberdade desregrada deu-se o nome de libertinagem, bem como foi possível identificar que a concessão de liberdades aos indivíduos está vinculada ao preenchimento de requisitos (LOCKE, 2014. p. 50).

Viu-se que a igualdade não significa necessariamente que todos devam ser tratados de maneiras idênticas, significa, contudo, que todos merecem igualdade de condições de exercerem seus direitos sujeitando-se à proporcionalidade inversa, ou seja, indivíduos mais 'fracos' merecem mais amparo estatal (NERY JUNIOR, 1999, p. 42).

Foi possível perceber que liberdade e igualdade são interdependentes de modo que se um indivíduo possuir vantagem indevida sobre outrem estará ferindo a liberdade daquele e consequentemente fazendo sucumbir a igualdade que deveria existir entre ambos, afinal, dotando indivíduos que possuem diferentes graus de necessidade com os mesmos direitos, inexistirá proporcionalidade e consequentemente inexistirá justiça (MONTORO, 2000, p. 205).

Sobre os transgêneros, foi possível concluir que o mero desejo do indivíduo em fazer a transição de gênero é suficiente para que isso ocorra, não havendo necessidade de intervenção cirúrgica nem tampouco de tratamento hormonal (STF, 2018), apesar disso, para que esse possa competir em esportes femininos há possibilidade de se requerer um mínimo de quantidade de hormônios masculinos no corpo da pessoa, o que deve ser feito pelos próprios órgãos reguladores das competições. Conclui-se que embora sejam importantes, os hormônios são apenas parte das diferenças entre homens e mulheres e que há outras características que tornam os homens mais aptos para a prática de esportes do que as mulheres (OLIVEIRA, 2018, online).

Com isso, conclui-se que embora seja um assunto relativamente novo, é importante mensurar desde já todas as consequências que a inclusão de transgêneros nas competições esportivas voltadas para mulheres podem acarretar a curto, médio e longo prazo, a fim de evitar que o que hoje é apenas um debate se torne um grande problema social.

Considerando que fisiologicamente os transgêneros possuem superioridade em relação às mulheres, permiti-los competir em igualdade de condições com tais, fere diretamente os princípios da isonomia e da liberdade amparados pelo artigo 5º da Constituição da República Federativa do Brasil de 1988.

Apesar disso, continua sendo direito dos transgêneros a realização de atividades esportivas, assim, conclui-se que um caminho eficiente seria criar competições voltadas para tais pessoas, ainda que a princípio não hajam transgêneros suficientes para que se pratique algumas competições esportivas.

Viu-se que historicamente foram necessários anos para que a mulher brasileira conquistasse seu espaço no mundo esportivo, então, suprimir esse espaço colocando-as para competir por vagas com pessoas fisicamente superiores poderia acarretar em um retrocesso social, assim, pouco a pouco, precisar-se-á inserir os transgêneros em competições próprias à medida em que forem aparecendo pessoas com interesse na prática desses esportes.

É compreensível que possivelmente muitas pessoas com essas

características serão impedidas de praticar os esportes que gostam por não existirem companheiros de profissão em quantidade suficiente, como em esportes coletivos, por exemplo. Contudo, cabe ao estado permitir que essas pessoas sejam livres para a prática desportiva, mas este não pode tutelar as necessidades desses cidadãos de modo a desamparar outros.

Historicamente a transição de gênero ainda é recente e é comum que vá ganhando seu espaço dentro da sociedade de acordo com o passar do tempo, cabendo ao estado acompanhar essas mudanças e auxiliá-las desde que em conformidade com a legislação pátria.

SOBRE O AUTOR

Nascido em dezembro de 1994, no município de Coronel Fabriciano/MG, Victor Hiago é Bacharel em Direito pelo Centro Universitário do Leste de Minas Gerais - UNILESTE/MG, tendo concluído sua graduação no primeiro semestre de 2019. O presente livro trata-se de uma adaptação do trabalho de conclusão de curso do autor, que estudava a inserção de atletas trangêneros em competições esportivas femininas frente ao princípio da isonomia.